RÉPONSE

DU

COMTE DE LALLY TOLENDAL,

A M. L'ABBÉ D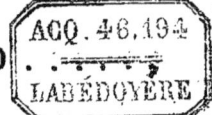

GRAND VICAIRE,

Auteur de l'écrit intitulé :

LETTRE A M. LE COMTE DE LALLY;

PAR

UN OFFICIER FRANÇAIS,

Suivie de sa profession de foi politique.

A LONDRES;

1793.

RÉPONSE
DU
COMTE DE LALLY TOLENDAL,
A M. L'ABBÉ D......,
GRAND VICAIRE.

J'AI reçu, Monsieur, vos deux lettres, l'une manuscrite, honnête, noble, et signée, l'autre imprimée, injurieuse, indécente, et anonyme : tout est dans l'ordre.

Quoiqu'il en soit, j'ai pris sur moi de lire jusqu'au bout ce mélange incohérent d'estime et d'insulte, de louanges et de calomnies, de quelques vérités, et, je le dis à regret, de beaucoup de mensonges. Il est quelques articles sur lesquels je crois me devoir une réponse.

Vous avez fait, dites-vous, le vœu de Jephté, et je suis le premier qui se soit présenté à vos yeux. Ces vœux, Monsieur, sont ordinairement téméraires; ils sont proscrits par la religion dont vous êtes le ministre. Le vœu de Jephté le conduisit à immoler sa fille : le vôtre vous a conduit à calomnier le défenseur de votre Roi, de votre patrie, de votre culte, de votre père.

Je n'ai rien à vous dire sur tout ce qui tient, dans votre ouvrage, soit à la partie du raisonnement, soit à celle de la politique. Tout le monde a été prophète dans cette malheureuse révolution. Tout le monde a vu ce qui devait arriver, quoique bien peu ayent fait ce qui pouvait l'empêcher. En gagnant la prescience, on a perdu la mémoire. Personne aujourd'hui ne se souvient d'avoir fait une faute. Chacun se dit exclusivement pur, se croit exclusivement sage. Les opinions se heurtent, les partis se déchirent. Si l'on s'accorde sur un point, c'est pour tomber sur les amis de la clémence et de la paix, sur ceux qui désirent la conciliation, et qui croient que les extrêmes, dans quelque sens qu'ils soient, perdront la France sans ressource. On ne peut pas même obtenir des victimes de se réunir, et de faire trêve à leurs dissensions, jusqu'à ce qu'elles aient brisé le joug de leurs communs oppresseurs. Ainsi, Monsieur, nous ne sommes pas destinés à nous convertir réciproquement. Il faut entre vous et moi une voix tierce. Cette voix sera un jour celle de la postérité; c'est aujourd'hui celle des nations étrangères, libres, vertueuses et éclairées. Mes principes politiques sont connus dès long-tems; vous venez de manifester les vôtres; nous sommes devant notre juge, et la question ne dépend plus de ce que ni vous, ni moi, pourrions dire.

Mais, Monsieur, il est une partie de votre écrit qui repose sur les faits; et en établissant un fait vrai, on laisse moins de ressources à la calomnie, qu'on n'en laisse à la dispute en produisant le meilleur systême, ou au sophisme en faisant le raisonnement le plus juste. Il y a donc utilité à vous répondre sur les faits, car ils seront éclaircis. Il y a nécessité, car je ne dois pas souffrir que dans le pays, *un peu reculé*, où vous écrivez, on me fasse dire le contraire de ce que j'ai dit, et faire le contraire de ce que j'ai fait. Quand je n'ai pas cessé un instant d'être dévoué à la cause de l'homme le plus pur qui se soit jamais assis sur le trône de France, je ne dois pas souffrir que des imputations calomnieuses attachent à mon nom, dans un lieu où la vérité n'est pas connue, la honte d'une seule minute d'ingratitude et d'infidélité,

Il m'en coûte, Monsieur, d'employer si souvent cette expression de *calomnie;* mais vous reconnaîtrez bientôt que c'est le mot propre à la chose. D'ailleurs, à Dieu ne plaise que je doute de votre bonne foi! Vous avez bien voulu me supposer *l'instrument aveugle des conjurés :* je me plais à vous croire *l'instrument aveugle des calomniateurs.* Pour prix d'une indulgence qui m'offense et dont je n'ai pas besoin, je vous en rends une qui vous honore, et dont vous ne pouvez vous passer.

Où avez-vous été, Monsieur, depuis trois ans? Qui avez-vous entendu? Qui avez-vous lu? Si vous voulez écrire l'histoire de la révolution Française, de grâce instruisez-vous, car vous n'en savez pas le premier mot.

C'est moi, dites-vous, *qui, le premier, ai formé le vœu de* régénérer *l'empire* (1); c'est moi qui, par ce seul mot de *régénération,* ai, *le premier, soufflé la mort sur la monarchie.* — Je ne saisis pas trop bien le talisman funeste que vous attachez à ce mot consolateur. Je n'entends pas comment *régénérer* et *détruire,* comment vivre et mourir sont synonimes : mais je n'ai à m'occuper que du fait, et le fait est,

---
(1) Page 7.

Monsieur, que ce mot qui vous cause tant d'horreur, avait été proféré par les parlemens, par les notables, par le conseil, bien longtems et bien souvent avant qu'il ne sortît de ma plume ou de ma bouche.

Je ne suis pas arrivé aux Etats-Généraux avec des intentions pures (1). — Ah! de grace, Monsieur, quand vous avez si mal sçu ce que j'ai fait, et si mal lu ce que j'ai écrit, ne vous chargez pas encore de deviner ce que j'ai pensé. Songez d'ailleurs que vous vous êtes cru obligé de m'appeller *un instrument aveugle des conjurés*; songez que votre conscience vous a pressé de confesser *ma probité*, et que là où les intentions ne sont pas pures, là ne peut se trouver la probité.

Je n'ai pas été fidèle à mon mandat (2). — Je vous prie, Monsieur, de prendre en main le cahier de la noblesse de Paris, et de me citer la page et le texte d'un seul article *impératif* que j'aie enfreint, jusqu'au système des deux chambres était mis en question dans ce cahier; jusqu'au *veto* des trois ordres y était proscrit.

Je me suis déclaré chef, pour ainsi dire, de la minorité de la noblesse (3), — et en associant

---
(1) Page 26. (2) Page 24. (3) Page 8.

A 4

plusieurs noms qui ne sont pas faits pour se trouver ensemble, vous prétendez me rendre responsable de la *déloyauté* et de la *perfidie* de plusieurs membres de cette minorité. Je ne sais pas ce que c'est qu'un *chef pour ainsi dire.* Je vous prie de vouloir bien me rendre comptable des opinions que j'ai proférées, et non des sentimens que j'ai combattus. Je vous renvoie à ce que j'ai dit de la minorité de la noblesse dans le compte rendu à mes commettans. Je vous avertis que vous rangez dans cette minorité des membres qui appartenaient à la majorité. Je vous avertis que ce sont des membres de la majorité qui ont été le plus prodigues dans la nuit du 4 Août. Je vous avertis que c'est un membre de la majorité de la noblesse, qui, le premier, s'est écrié après la réunion, qu'*il n'y avait plus d'ordres.* Je vous avertis que c'est encore un membre de cette majorité qui a surtout insisté pour qu'on ôtat au Roi la qualité de *Roi de France.* Je vous avertis enfin que M. de Custine et M. de St. Fargeau étaient de la majorité de la noblesse, et vous demanderez à M. de Cazalès s'il trouverait bon que vous jugeassiez de lui par eux.

Lors du premier renvoi de M. Necker, j'é-

clatai contre cet acte d'autorité, sans respect pour le Roi, comme si l'on pouvait forcer sa confiance (1). — Oui, Monsieur, *j'éclatai*, mais contre ceux qui avaient trompé et compromis le Roi ; contre ceux qui sacrifiaient à leur ambition ou à leur vanité la sûreté du trône ou la liberté publique ; contre ceux qui, à cette époque, quelqu'opinion qu'on veuille avoir de M. Necker, ont perdu la France par cette révolution ministérielle. Je proposai de demander au Roi l'éloignement du nouveau ministère et le rappel de l'ancien. Mais ce ne fut pas *sans respect pour le Roi*, car dans mon opinion, qui a été imprimée, je ne parlais que de *lui adresser des prières respectueuses et soumises* (2). Ce ne fut pas *en voulant forcer sa confiance*, car je mettais en principe que *le Roi était maître absolu de composer son conseil comme il lui plaisait*, et que nous devions *nous soumettre s'il nous refusait* (3). Convenez, Monsieur, qu'il y a loin de ma manière à celle dont s'y prenait le parlement de Paris pour renvoyer le Cardinal de Mazarin ; le parlement de Tou-

---

(1) Page 9.
(2) Pièces justificatives de mon Mémoire à mes Commettans, page 10.   (3) Ibid.

louse, pour se débarrasser du duc de Fitz-James, et même les premiers notables pour mettre l'archevêque de Sens à la place de M. de Calonne.

J'ai devancé le Roi à l'Hôtel-de-Ville le 17 Juillet 1789. (1) — Je l'ai suivi, Monsieur, et non pas devancé. — *Je l'ai livré au peuple dans le discours que je lui ai adressé, et tout Paris à comparé ce discours à l'Ecce Homo de Pilate au peuple Juif.* (2) — Non, Monsieur, tout Paris ne s'est pas rendu coupable de ce froid et criminel lazzy. Un homme seul, qui se joue de tous les partis, et qui se rit de toutes les douleurs, a consigné dans un journal infidèle cette comparaison, moins offensante pour moi dont une telle calomnie ne pouvait pas approcher, qu'insultante pour le Roi, dont il faisait l'objet de ses cruelles ironies. Prendre la parole, lorsque de toute part on me forçait de parler malgré ma résistance; (3) dire au peuple, qui voulait m'entendre : *voilà ce Roi qui vous a couverts de bienfaits, vous lui devez plus que jamais reconnaissance, amour,*

---

(1) Page 9.   (2) Ibid.
(3) Mémoire à mes Commettans, page 75.

fidélité, *obéissance ;* (1) dire au Roi, après lui avoir demandé *permission d'élever ma voix vers lui :* (2) *Voilà ce peuple qui est prêt à verser pour votre personne sacrée jusqu'à la dernière goutte de son sang ;* entraîner ce peuple à crier *: nous le jurons tous ;* maudire, en finissant, *les ennemis publics, qui voudraient encore semer la division entre la nation et son chef ;* former un dernier vœu pour que *Roi, sujets citoyens, confondissent leurs cœurs, leurs vœux, leurs efforts ;* (3) certes si cela peut s'appeller *avoir livré le Roi au peuple*, avoir *répété l'*Ecce Homo *de Pilate*, il faut qu'il se soit fait, dans les idées et dans le langage, une révolution aussi étrange que dans la politique. Du moins il est resté des esprits sains et des ames pures, qui n'en ont pas jugé ainsi. Lorsque l'archevêque de Paris vint me dire, au sortir de la séance : " je vous remercie de la consolation que vous „ avez donnée à ce malheureux Roi ; " il avait

---

(1) Pièces Justificatives, N°. 11. —— Procès-verbal des Electeurs, Tom. 2, pag. 111.
(2) Ibid.
(3) Pièces Justificatives, N°. 11. —— Procès-verbal des Electeurs, Tom. 2 page 11.

une autre idée que vous du discours qu'il venait d'entendre. C'est que son cœur jugeait le mien. Vous connaissez sûrement, Monsieur, le mot de St. Augustin : *omnia sancta sanctis*. Croyez-moi; lorsque, las de créer, vous voudrez répéter les autres, faites vous l'écho d'une belle ame, et non le plagiaire d'un journaliste mensonger.

C'est donc encore moi, qui, le 17 Juillet 1789, *ai attaché au chapeau du Roi la cocarde tricolor ?* (1) — Quant à cette brillante invention, je serais bien fâché d'en dire un seul mot; mais en même tems je serais bien fâché que vos inspirateurs l'eussent omise, elle sert à éclairer sur les autres.

C'est encore un tour de force en calomnie, il faut l'avouer que *le discours* qu'on vous a dit *que j'avais tenu à l'Hôtel-de-Ville, quelques jours auparavant,* (2) c'est-à-dire, le 15 Juillet. Moi, Monsieur, j'ai *proféré à la commune de Paris cette phrase* que vous avez bien raison de trouver *effroyable ?* Moi, j'ai dit à la commune de Paris : " ON NE PEUT SE LE DIS-
„ SIMULER : LE PEUPLE A DE GRANDES VEN-

---

(1) Page 10.   (2) Page 10.

„ GEANCES A EXERCER ? " Moi qui, dans la commune et hors de la commune, ai dit au peuple tout le contraire et sous toutes les formes ! Moi, qui ce jour-là même, ai amené le peuple à crier avec moi, au sein de la commune, " LA PAIX, ET PLUS DE PROSCRIP-„ TIONS. " (1) — Moi, *j'ai excusé d'avance les fureurs du peuple ; j'ai encouragé l'horrible spectacle de têtes promenées dans Paris au bout d'une pique, et de cadavres traînés dans les ruisseaux.* (2) — Moi, Monsieur, j'ai été complice de *l'assassinat de MM. Foulon et Berthier !* (3). — Mais ne m'avez-vous pas accusé aussi du *mépris des dieux et des mœurs ?* (4) J'allais vous répondre, Monsieur, et quoiqu'une défense légitime m'y autorisât, je commençais à éprouver quelqu'embarras d'être toujours obligé de rappeller ce que j'ai fait. La Providence m'envoye une arme à laquelle je ne m'attendais pas. A l'instant même, en vous écrivant, je reçois une lettre d'un curé respectable que je n'ai pas l'honneur de connaître. Cette lettre renferme une demande touchante pour un

---

(1) Mémoire à mes Commettans, pages 70 et 71.
(2) Page 11. (3) Page 11. (4) Page 4.

prêtre malheureux, et voici, Monsieur, voici mot à mot ce que le curé m'écrit: *Le gentilhomme qui reçut dans son sein le fils de l'infortuné Berthier, et qui a dit, avec Plutarque, qu'on bâtirait plutôt une ville dans les airs qu'on n'établirait une cité sans religion, prendra quelqu'intérêt à la situation d'un prêtre malheureux, et digne d'un meilleur sort.* Ce vénérable curé, Monsieur, m'a suivi et lu avant de me juger. Il savait les faits; et vous, vous rangez parmi les preuves de mon ingratitude envers le vertueux Louis XVI, *les outrages faits à ses augustes tantes* (1), deux ans après que j'avais quitté la France. Monsieur, en vérité l'ignorance cesse d'être une excuse, lorsqu'on se permet une si odieuse diffamation. S'il faut être instruit quand on écrit, il faut l'être à plus forte raison, quand on accuse; et ce n'est pas une chose aisée que de trouver un moyen de réconcilier la probité avec un ouvrage tel que le vôtre.

Vous êtes maître, Monsieur, d'approuver ou de désapprouver ma sortie de l'Assemblée Nationale après le 5 et le 6 Octobre 1789,

_____

(1) Page 17.

et vous me permettrez de regarder avec une parfaite indifférence le choix que vous ferez entre ces deux opinions ; mais vous n'êtes pas maître d'oser me dire, en me reprochant d'avoir défendu votre Roi, que *je devais dévorer en silence la honte de l'avoir abandonné.* (1) — Où étiez-vous, Monsieur, où étaient les vôtres le 20 Juin 1792, le 14 Juillet, le 10 Août et toute la semaine qui l'a précédé, le 2 Septembre et tous les jours qui l'ont suivi ? — Eh bien, moi, Monsieur, j'étais le 20 Juin aux Thuileries ; j'étais le 14 Juillet à l'Ecole Militaire ; le 10 Août, à la pointe du jour, il s'en est fallu de cinq minutes que ma tête ne fut au bout d'une pique ; le 27 j'étais à l'Abbaye, et j'en sortis miraculeusement dans la nuit du premier Septembre. Voilà les faits, Monsieur, et je ne les dis pas tous. Ai-je *abandonné le Roi ?* Si je l'ai abandonné, qu'avez-vous fait ?

Me demanderez-vous maintenant *de quel droit* j'ai pris la défense de cet auguste innocent ? Du droit d'un homme qui venait d'être emprisonné et dévoué à la mort pour son royalisme. Du droit d'un homme qui avait la cons-

---
(1) Page 44.

cience de n'avoir pas séparé un instant la cause du Roi de celle du peuple. Du droit d'un homme qui était bien sûr qu'il défendrait à la fois et Louis XVI et le Roi, qu'il le défendrait franchement, d'une manière digne. et de la pureté de l'individu, et de la dignité du prince. Du droit d'un homme qui se méfiait des défenseurs, qu'on ne connaissait pas encore, qui d'un côté craignait pour l'objet de sa vénération, l'avilissement pire que la mort, et qui, de l'autre, redoutait pour l'objet de son amour cet égoïsme stoïque, avec lequel on répétait depuis deux ans qu'il *fallait songer à la Monarchie et non au Monarque.* C'est par le même droit, c'est avec la même conscience, et du sein des mêmes terreurs que M. Malouët s'était offert avec moi à la Convention. Eussions-nous eu autrefois les torts que vous nous reprochez, nous devions, quand nous défendions Louis XVI, trouver grâce à vos yeux. Ces torts n'ont jamais existé, et nos plaidoyers pour prouver l'innocence de Louis XVI, vous ont servi de texte pour calomnier la nôtre!.... En vérité, Messieurs, vous avez une étrange manière d'aimer votre Roi et d'honorer sa mémoire.

Que

Que dis-je ? Plutôt que de vous ranger une seule fois de mon avis, vous aimez mieux dépouiller successivement Louis XVI de toutes les vertus et de tous les mérites que j'ai loués en lui. Vous répugnez, dites-vous, *à vous traîner lentement avec moi sur les 18 années de son règne, comme si c'était un spectacle hideux à contempler*; et avec une *rapidité, qui en effet n'a pas d'exemple*, vous révélez à toute la France que M. de Maurepas, M. de Miromesnil, M. Turgot, M. de Vergennes, M. de St. Germain, M. de Calonne, M. Necker, tous les Evêques administrateurs, tous les Notables; en un mot, tous les Ministres et les Grands étaient républicains. (1) A vous en croire, ils ont passé 18 ans à proposer au Roi, en traîtres, des réformes et des institutions, qu'il acceptait en dupe. *La plupart de ces choses étaient un bien, mais un bien plus dangereux à faire, que le mal à laisser exister.* (2) Ainsi, parce que selon moi, Louis XVI a constamment dirigé toutes les facultés de ses ministres vers l'unique objet de la félicité publique; parce que, selon

---

(1) Pages 34, 39, 40, 41. (2) Page 41.

B

moi, il a passé sa vie à couvrir ses peuples de bienfaits ; selon vous, il n'a jamais été que l'instrument aveugle de la perfidie ; selon vous, il n'a jamais eu ni le discernement de voir le bien, ni le mérite de le faire. Cela ne vous suffit pas encore ; vous craignez de vous arrêter en un si beau chemin. Vous allez jusqu'à articuler en toutes lettres que *le cœur du Roi a presque toujours été en contradiction avec son ministère :* (1) d'où il résulterait, s'il fallait vous croire, que c'est contre le gré de ce prince débonnaire que la torture a été abolie, la peine de mort rendue plus rare, l'humanité mieux secourue, le peuple soulagé, la marine retirée du néant, le commerce agrandi, l'agriculture encouragée, etc. etc. Assûrément, Monsieur, vous ne voulez pas qu'on vous accuse d'*usurper les droits de l'honneur et de la fidélité.* (2) Ce reproche serait aussi déplacé dans ma bouche, qu'il l'a été dans la vôtre : nous n'avons rien feint ni l'un ni l'autre, et nous nous sommes mis tous deux à découvert.

Vous ne vous attendez pas sans doute que je réponde à la critique que vous faites de

---

(1) Page 42.   (2) Page 44.

mon plaidoyer. Vous avouez ingénument que *vous ne le connaissez que par les gazettes qui en ont donné l'extrait*, (1) et de cette prétention assez neuve de juger la totalité d'un ouvrage sur des *extraits de gazettes*, il a résulté que perpétuellement vous me demandez pourquoi je n'ai pas dit ce que précisément j'ai dit. Vous ne savez ni ce que j'ai écrit, ni à quelle époque, ni pour quel objet je l'ai écrit. *Il fallait*, dites-vous, *faire le panégyrique de Louis XVI!* (2) Eh! Monsieur, n'ai-je pas donné l'histoire de sa vie toute entière, et la raconter n'est-ce pas la louer? *Il fallait ne pas me mettre dans le cas de réfuter les accusations absurdes et impudentes intentées contre Louis XVI!* (3) Eh! Monsieur, je répondais à ses accusateurs, et je parlais à ceux qui s'étaient faits ses juges. *Il fallait répandre des larmes sur son échafaut, et brûler de l'encens sur son tombeau!* (4) Eh! Monsieur, je voulais fermer ce *tombeau* sous ses pas; j'écrivais pour qu'un tel *échafaut* ne fût jamais dressé. Depuis qu'il l'a été, depuis qu'on l'a vu arrosé du sang d'un héros et d'un martyr, fiez-vous à mon

---

(1) Page 42. (2) Page 45. (3) Page 43. (4) Page 44.

cœur et des larmes que j'ai dû répandre, et du culte que j'ai dû vouer à cette sainte victime ? Eh ! qui donc ne s'est pas senti déchiré par ce supplice impie ? En vérité je ne connais d'hommes capables de l'avoir vu avec indifférence, que ceux qui ont pu m'y croire insensible. Non, *vous ne répandez point de larmes sur l'échafaut de Louis XVI*, vous tous qui répandez du fiel sur ses défenseurs.

Il est, Monsieur, un dernier grief auquel je dois répondre. Soyons de bonne foi, en terminant le débat. Trop souvent dans toutes ces discussions de partis, l'objet pour lequel on prétend écrire n'est pas celui pour lequel on écrit réellement. On prend un texte, on s'en écarte, la *digression* est le but de l'auteur, et le sujet de l'ouvrage en est le hors-d'œuvre. Et vous aussi, Monsieur, vous avez une *digression*. LA QUESTION DES DEUX CHAMBRES, voilà ce qui vous tient au cœur, et si je vous passais les *réflexions que vous avez jettées au hasard sur cet objet*, (1) je suis sûr que vous me feriez bon marché de ce que vous avez dit *à dessein* sur tous les autres.

Vous alléguez ici deux faits, l'un passé,

---

(1) Page 32.

l'autre présent ; je vais les examiner successivement.

J'ai donc *voulu*, Monsieur, vous ANGLINISER ? et si l'on vous en croit, *c'est-là ce qui a tout perdu ; il fallait se contenter d'admirer les Anglais, sans vouloir les imiter. Les deux peuples sont encore plus séparés par le caractère que par la mer. Exciter l'admiration, voilà le partage des Anglais ; aimer et plaire voilà le vôtre, etc.* (1) Oserai-je, Monsieur, vous faire une question ? Etes-vous bien sûr que tous vos compatriotes soient contens de la part que vous leur faites ici ? Croyez-vous que tous se trouvent entièrement dédommagés par le madrigal que vous leur adressez, de l'hommage exclusif que vous assignez à leurs voisins ? Cette définition et ce langage ne conduiraient-ils pas à conclure qu'il faut aux Anglais un parlement, et aux Français un opéra ? Alors, Monsieur, entre nous deux, serait-ce de moi que la nation française aurait à se plaindre ? Serait-ce moi qui lui aurait fait tort et outrage, en croyant qu'il n'était pas une seule espèce de vertu, pas un seul genre de gloire ou de félicité

---

(1) Page 28.

qui ne pût lui appartenir ? Au reste, Monsieur, si vous aviez cru nécessaire de vous instruire des faits, avant de les raconter, vous auriez encore su que j'ai fait tout ce qui était en moi pour sauver la chambre de la noblesse, telle qu'elle existait au commencement des Etats-Généraux, c'est-à-dire, telle qu'elle n'avait jamais existé depuis l'établissement de la monarchie. (1) Vous auriez su que c'est après tout ce moyen de salut rejetté, et tout espoir perdu ; que c'est après avoir vu tout détruire, que c'est enfin le 31 Août 1789, que, pour la première fois, j'ai proposé une organisation parlementaire, voisine du régime Anglais ; organisation qui ramenait la noblesse par la propriété qui

---

(1) On ne peut trop répéter que les Etats-Généraux de 1789 sont les premiers où un Gentilhomme, par sa seule qualité de *Gentilhomme*, soit entré dans la Chambre de la Noblesse. Jusques-là la Chambre de la Noblesse avait été *la Chambre des Seigneurs*, et dans la liste des membres qui la composaient en 1614, on voit chacun d'eux inscrit sous le titre du *Fief* dont il était *Seigneur ;* comme pour les assemblées électorales, on voit chacun d'eux assigné *au principal manoir de son fief*. Cette première vérité reconnue, et il est inconcevable qu'on puisse la nier, serait à elle seule un grand acheminement vers une meilleure organisation des Etats-Généraux, et vers une meilleure composition des communes.

a été son principe ; organisation qui a échoué, je ne dirai pas, comme vous, entre *les démocratiseurs* et *les féaux Chevaliers Français*, mais entre la démagogie effrénée qui voulait niveler les biens comme les personnes, et l'aristocratie indomptable, qui voulait faire aller tout au pis, afin que rien ne restât Voilà pour le fait passé.

Quant au fait présent, Monsieur, j'écarte toutes les idées accessoires au milieu desquelles vous le produisez ; j'écarte cette indignation qui vous transporte à la seule idée que *le système des deux chambres a encore beaucoup de partisans* (1) ; j'écarte l'anathême que vous lancez contre quiconque est *assez vil* (2) pour sacrifier *son propre intérêt* à l'intérêt général. Réellement vous me donnez trop d'avantage ; je ne veux point en abuser, et je vais droit à la question.

Le bruit court, dites-vous, *que je m'occupe encore du projet* (3) d'établir en France un Roi, et des États-Généraux composés d'une Chambre Haute et d'une Chambre des Communes.

Monsieur, je ne suis point *transfuge de la*

———

(1) Page 31.   (2) Page 32.   (3) Ibid.

France, comme il vous a plu de me le dire. Victime d'une honorable proscription; dépouillé, ainsi que vous, mais plus sensible à vos malheurs que vous ne l'êtes aux miens, j'ai été, comme vous, obligé de chercher un asyle. La vertu généreuse a daigné m'en ouvrir un dans l'ancienne patrie de mes pères. J'espère que vos propriétés et les miennes nous seront restituées, et qu'alors citoyen de deux patries, sujet de deux souverains, je me retrouverai encore votre compatriote. Eh bien, Monsieur, je vous jure que du jour où je verrai un gouvernement monarchique, quel qu'il soit, établi en France, à l'instant même j'y pratique et j'y prêche la soumission la plus absolue. Que tout le monde fasse le même serment, et la France n'est pas sans espoir.

Mais tant qu'un gouvernement ne sera ni établi, ni même annoncé; tant que ceux qui peuvent être appellés à le fixer, seront travaillés par les incertitudes d'un choix dont les conséquences sont si effrayantes, je conserverai le droit, je remplirai le devoir de dire et de faire tout ce que je croirai capable d'empêcher et le déchirement du pays où je suis né, et le désastre de l'auguste famille qui doit y regner, et l'éternelle exhérédation de cet enfant sacré, à qui le sang de son père et les larmes de sa mère ont donné tant de droits nouveaux.

Or, Monsieur, voici la doctrine que je crois propre à prévenir ces dernières calamités ; voici franchement et loyalement les principaux articles de mon symbole de foi politique, tels que je continuerai de les professer hautement, jusqu'à ce que ce soit un devoir de me taire. Vous sentez bien qu'une telle profession doit encore avoir un autre but que celui de vous répondre : j'indiquerai ce but en finissant.

Je CROIS avant tout, que le premier besoin des Français est un Roi; qu'à cela tient la vie des riches, le pain des pauvres, le repos de tous, la conservation et l'intégrité de la France, la paix et l'indépendance de l'Europe.

Je CROIS que de tous les fléaux que le ciel, dans sa colère, peut verser sur un grand peuple, le plus épouvantable est dans la proclamation de ces trois mots : *Souveraineté du peuple* (1).

---

(1) Qu'on n'imagine pas, ni que je fasse ici une retractation, ni que j'abandonne mes principes. Dans tous les lieux

Voilà, Monsieur, deux articles que peut-être vous ne voudrez pas désavouer ; mais je ne borne pas là ma profession de foi.

Je CROIS que maudire la liberté, parce qu'on a abusé de son nom, serait une chose aussi inconséquente et non moins coupable que de maudire la royauté, parce que Henri VIII a été Roi, ou de blasphêmer la religion, parce que la croix était mêlée avec les poignards dans la main des meurtriers sacrilèges de la St. Barthélemy.

Je CROIS que l'ancien régime ne peut plus se remontrer en France, ou que, s'il se remontrait, ce seroit pour le malheur de ceux qui, après l'avoir relevé pendant quelques ins-

---

et dans tous les momens, au bailliage de Dourdans, au milieu des commissaires de la Noblesse de Paris, et dans le comité de constitution de l'Assemblée Nationale, j'ai constamment et littéralement proposé la définition suivante de la souveraineté, et je la proposerai encore aujourd'hui.——" LA PLÉNITUDE ,, DE LA SOUVERAINETÉ RÉSIDE COLLECTIVEMENT, ,, EXCLUSIVEMENT, ET INSÉPARABLEMENT, DANS LE ,, ROI ET LES ÉTATS-GÉNÉRAUX. LE ROI EST LE CHEF ,, DE LA SOUVERAINETÉ, QUAND TOUTES LES PARTIES ,, EN SONT RÉUNIES ; ET QUAND ELLES SONT SÉPA- ,, RÉES, IL LA REPRÉSENTE TOUTE ENTIÈRE ".

tans, seraient entraînés pour jamais dans sa dernière et irréparable chûte (1).

Je CROIS donc qu'il faut à la France un Roi très-puissant, sans être absolu, et une constitution très-libre, sans être anarchique.

Je CROIS qu'un corps représentatif de la nation entre nécessairement dans cette constitution libre (2). Le voyant nécessaire, je le veux utile, et je ne puis le trouver que funeste s'il est composé d'une chambre unique, ou de trois.

Je CROIS que la liberté de conscience plei-

---

(1) Je conjure tous les amis sincères, tous les serviteurs fidèles de la maison de Bourbon de lire, et de relire, et de lire encore la catastrophe de Charles Ier, la restauration de Charles II, et l'irrévocable expulsion de Jaques II et de sa malheureuse famille.

(2) Pour citer une preuve entre mille de cette nécessité, le Roi ayant déclaré solemnellement, en 1788, qu'il ne pouvait établir un impôt sans le consentement de la nation; les parlemens ayant déclaré à la même époque qu'ils ne pouvaient l'enrégistrer, et s'étant accusés d'une usurpation de plusieurs siècles à cet égard; la nation entière, par ses cahiers, et par ses députés, ayant déclaré qu'elle ne pouvait être obligée de payer que les taxes consenties par ses représentans; je demande quelle autorité sous le ciel pourra faire dorénavant, qu'un ministre ordonne, que des parlemens accordent, et que la nation paye un impôt?

nement établie, il doit cependant être une seule religion de l'Etat, et que ce titre appartient exclusivement à la religion catholique, apostolique et romaine.

Je CROIS que le clergé, dont j'ai toujours révéré le caractère, et dont j'ai admiré, dans ces derniers temps, l'héroïsme, doit faire corps, uniquement pour administrer, sous la protection royale, le domaine de la puissance spirituelle ; qu'il ne peut former à lui seul un corps politique, mais qu'il doit concourir dans une juste proportion, à former une chambre haute dans les États-Généraux.

Je CROIS qu'indépendamment de la noblesse d'opinion, qui existait dans Athènes, et qui existera dans les États-Unis d'Amérique, une noblesse légale est nécessaire, dans les monarchies, et au Roi et au peuple. Je crois que la noblesse Française doit être rappellée à la pureté de son origine, et à ses antiques fonctions, combinées avec la marche de l'esprit humain, et les changemens que les siècles apportent dans les idées et les positions. Je crois que sans cela la noblesse Française est finie ; que par-là elle peut reprendre une nouvelle vie avec un nouvel éclat. Je crois, enfin, qu'il est non-seulement possible, mais aisé de satisfaire toute l'ancienne et vraie noblesse de France, par la manière dont on combinerait le premier établissement d'une chambre haute (1).

Je crois que les communes de France, enrichies, comme l'ont été celles d'Angleterre, de tous les petits barons, formées par toutes les classes de propriétaires, représentant l'universalité du *territoire* Français, astreintes pour le choix de leurs membres, pour la durée de

_____

(1) La démocratie nobiliaire est cent fois plus absurde que la démocratie populaire, et aussi destructive. Quand l'oculiste *Grand-Jean*, très-galant homme et tres-habile chirurgien, a mérité par ses travaux le cordon noir, n'est-ce pas une institution extravagante que celle qui, de respectable qu'il était, le rend ridicule, en lui persuadant qu'il ne peut plus siéger dans les assemblées nationales autre part qu'à côté de M. de Montmorency, premier baron chrétien, de M. d'Uzès, premier duc, ou de M. de Nesle, premier marquis de France? Ceux qui réclament ce droit parce qu'ils ont acheté, moyennant 1500 livres sterling, une charge parfaitement inutile, sont encore plus risibles. J'aimerais autant que tous les citoyens de Bourges, appellés *Barons* par Louis VII, tous les bourgeois de Paris *créés nobles* par Charles V, et tous les habitans des villes franches, *reconnus nobles* par Henri III, prétendissent à être Pairs du Royaume. Voilà cependant les grandes raisons que l'on oppose à l'admission du gouvernement le plus parfait qui ait encore été connu sur la terre.

leurs sessions, pour l'objet et la forme de leurs délibérations, à des lois sagement adaptées au lieu, au temps et aux caractères; verseraient sur la France toutes les bénédictions que l'Angleterre doit à ses communes.

JE CROIS que ni aucune place, ni aucune dignité, ne doivent être fermées aux talens et aux vertus.

JE CROIS que la procédure criminelle, publique et par *jury*, l'établissement des juges de paix, la responsabilité ministérielle, la liberté individuelle, la liberté de la presse doivent être précieusement conservées; fallût-il, dans les premiers momens de la restauration, suspendre, par une dictature légale, temporaire, et dont le terme serait fixé, l'exécution de quelques-unes des lois relatives à ces objets sacrés.

JE CROIS enfin, et l'histoire me prouve que celui-là ferme l'abyme sur la malheureuse France, et consomme sa perte, qui n'accueille pas le repentir; qui attache la réprobation à un seul nom autre que celui de *Républicain*; (1) qui n'oublie pas qu'on l'a porté, dès qu'il

---

(1) Voyez dans les papiers d'Etat de Clarendon ce que lord Culpiper lui écrivait à la mort de Cromwel.

voit qu'on l'abjure (1) ; qui, enfin, à l'idée, je ne dirai pas d'une seule vengeance, mais d'une seule recherche par de-là les auteurs immédiats des crimes commis le 10 Août, le 2 Septembre 1792, et le 21 Janvier 1793. (2)

Voilà, Monsieur, ce que je pense en mon ame et conscience ; voilà ce que je voudrais procurer à la France, en lui sacrifiant mille fois *mon propre intérêt*. Mais après vous avoir effrayé par mes opinions, je dois vous rassurer sur mon influence. Je ne sais pas ce que c'est que l'*association*, que le *travail* dont vous me parlez. Je forme des vœux solitaires, et vous avez même une grande chance contre moi ; car pour que ces vœux s'accomplissent, il faut que la raison triomphe.

Il est temps, Monsieur de mettre des bornes à cette discussion, que je me garderai bien d'étendre à une foule de petites personnalités, aussi indignes de mon attention que de celle du public. Vous m'aurez trouvé quel-

―――――――

(1) Si Charles II ne l'eut pas oublié, il eut repoussé Monck ; car Monck avait servi la République et Cromwell.

(2) Lisez le discours du solliciteur-général de la couronne à l'ouverture du procès fait aux régicides de Charles Ier.

quefois sévère dans ma défense; mais vous avez été si constamment injuste, et si souvent cruel dans votre agression! Qu'importent quelques témoignages d'estime répandus çà et là, quand ils sont démentis à l'instant par des calomnies toujours croissantes et vraiment intolérables? A quoi bon me parler avec tant de sensibilité de mes infortunes domestiques, quand vous m'accusez des vôtres avec tant d'injustice et d'inhumanité?

Cependant, Monsieur, vous avez été malheureux! Votre père a pensé être victime, votre frère l'a été de ces assassins, contre lesquels j'ai tant de fois invoqué la force publique, et qui avaient fini par mettre ma tête à prix (1). J'aurais peut-être cherché à me persuader que la douleur avait égaré vos pensées; je me serais souvenu de la belle loi des Romains: *Calumniæ pœna in paternæ mortis accusatione cessat;* et cette même indulgence qui me porte encore à taire votre nom, aurait pu arrêter ma plume, et me faire rentrer dans un silence absolu.

Mais, et c'est ici le nouveau but que je vous

---

(1) 31 Août 1789.

annonçais

annonçais tout-à-l'heure, un grand motif d'intérêt public m'a défendu de sacrifier ma cause personnelle. Les autres m'ont ramené à vous, et j'ai reconnu que ce n'était ni de moi seul que je parlais, ni à vous seul que je répondais.

Depuis quelque temps des écrits se succèdent rapidement, marqués au coin d'une passion violente et d'un sordide égoïsme. Aux approches d'un changement que le Ciel, enfin adouci, semble promettre à la France, une classe d'hommes (1) s'est établie, qui a dit de la contre-révolution ce que d'autres avaient dit autrefois de la révolution : *il faut qu'elle soit pour nous seuls.* Au lieu de s'écrier, *partout où sera l'honneur et l'intérêt public, partout où l'on nous montrera une étendue raisonnable et de sages limites assignées à la liberté, partout où nous verrons s'élever une base solide pour recevoir un trône inébranlable, là nous accourrons;* ils ont osé dire : *nous ne reconnaitrons d'honneur que celui que nous aurons créé; nous n'appellerons intérêt public que notre intérêt privé; nous aimons mieux les excès qui*

―――――――――――――――――――――――

(1). Je parle d'individus, et proteste contre toute application générale.

G.

rendent la liberté odieuse, que les bienfaits qui la font chérir; et si la couronne n'est pas ce qu'il nous convient qu'elle soit, fût-elle ce qui convient au Roi et au Peuple, nous ferons alliance avec la République. Dès-lors ce qui concilie ordinairement la bienveillance, a enflammé leur haine. L'esprit de justice et de désintéressement est devenu un objet d'horreur pour des hommes, qui, faibles contre la seule raison, ne veulent que des passions à combattre ou des passions à satisfaire. Ils ont signalé comme ennemi ce *parti moderé*, qui, depuis le commencement des troubles jusqu'à présent, n'a pas dévié une seule fois des principes de la plus rigoureuse morale; qui n'a jamais eu pour le Monarque d'autre sentiment que celui du respect et du dévouement, sur la monarchie d'autre opinion que celle de sa nécessité; qui, prodigue de sacrifices, insensible à la faveur comme à l'ingratitude des hommes, a combattu tantôt pour que les droits honorifiques et les privilèges légitimes de la noblesse et du clergé fussent conservés (1), tantôt pour que la destruction arbitraire du

---

(1) Motion de M. Malouët dans les Communes.

régime féodal n'entraînât pas la spoliation de toutes les propriétés nobiliaires (1); ici pour qu'un papier destructeur ne vînt pas consommer la ruine des propriétés ecclésiastiques (2), là pour qu'un serment sacrilége ne vînt pas bourreller les consciences, et disperser les pasteurs (3); toujours et partout, pour que tous les crimes fussent punis, et tous les droits respectés (4). On a affecté de confondre ce *parti modéré*, je ne dirai pas avec ceux qui, entraînés par des opinions exaltées, éclairés par l'expérience et ramenés par le repentir, sont venus se rallier à lui, il se fait gloire de les avoir reçus; mais on a affecté de le confondre avec ceux qui, coupables de la perte de leur pays, vaincus dans leur propre science, et victimes des mêmes forfaits dont ils avaient donné l'exemple, peuvent obtenir aujourd'hui un pardon politique, mais ne peuvent plus appartenir à aucun parti, et sont également

---

(1) Opinion de M. Mounier 5 Août 1789.

(2) Ecrits de M. Bergasse contre les assignats.

(3) Discours du Marquis de Montlosier sur le serment des prêtres.

(4) Voyez toutes les opinions et tous les discours de tous ceux que, DANS L'ORIGINE, on a appellés *Modérés*.

repoussés, soit par l'homme de bien qui a lutté contr'eux, soit par l'homme de bien qu'ils ont trompé. En mêlant ainsi les *principes*, les *erreurs* et les *crimes*, on a espéré perdre les uns par les autres, décréditer la liberté par la licence, la sagesse par la folie, et se débarrasser de l'équité austère que l'on craint, à l'aide du crime, moins odieux qu'elle aujourd'hui parce qu'il ne fait plus obstacle, et qu'il sert de motif. Ainsi l'on s'est flatté de nous décourager, et maintenant on cherche à nous séduire. On daigne nous offrir la clémence; il ne s'agit plus que de vouloir en payer le prix. Pour être séparés de ceux que nous avons combattus sans relâche, pour obtenir la paix de ceux que nous avons sans cesse défendus, il ne faut que souscrire quelques désaveux, et faire quelques rétractations (1). Si nous renions la vérité, on nous pardonnera de l'avoir dite, et nous ne serons plus calomniés par les autres, le jour où nous aurons consenti à nous calomnier nous-mêmes.

Il fallait répondre une fois à toutes ces attaques, empêcher l'opinion publique de s'éga-

---

(1) Page 45, etc.

rer, rappeller des faits qui, perdus dans l'éloignement, sont oubliés par les uns et défigurés par les autres. Il fallait classer les personnes et les principes ; montrer qui veut la tyrannie, qui veut la liberté, qui veut la licence ; indiquer où l'on prêche la paix, et où l'on commande la haine ; où l'on chérit la royauté pour ses bienfaits, et où on ne la prise que pour ses abus. Il fallait en un mot conserver les droits de la vérité, en défendant l'honneur de ceux qui l'ont toujours servie ; montrer qu'ils sont aussi persévérans pour le but que concilians sur les moyens ; dire que leur cœur a soif d'un traité, mais que leur conscience repousse un pardon, et s'indigne d'un désaveu. Il fallait défendre encore cette fois, quel que doive en être le prix, et ce clergé à qui l'on veut faire perdre le fruit de tant de vertus, et cette noblesse dont on compromet si légèrement l'honneur et les droits ; les mettre en garde contre ces écrivains trompeurs, contre ces agitateurs dangereux, qui finissent par supporter impatiemment la sagesse et la vertu jusques dans leur propre parti. Il fallait appeller le jour où l'on sentira enfin, qu'on doit s'unir et non se combattre au nom de Louis

XVI, le jour où le testament de Louis XVI, où cet évangile de clémence et de paix, de justice et de liberté, écrit tout entier sur une oriflamme sacrée, ralliera autour de lui, dans une seule communion, les hommes de bien de tous les partis, et les bons Français de toutes les classes.

J'ai l'honneur d'être, etc.

LALLY-TOLENDAL.

www.ingramcontent.com/pod-product-compliance
Lightning Source LLC
Chambersburg PA
CBHW060710050426
42451CB00010B/1374